Sara y Abraham

La maravillosa promesa

Narrado por Carine Mackenzie

Ilustrado por Fred Apps

Traducido al español por Natalia C. Foce

Publicado por Editorial Sendas Antiguas

1730 Leffingwell Ave, Grand Rapids, MI 49525 USA

Impreso en China

Se agradece a Christian Focus Publications por el permiso de traducir al español estos hermosos libros para niños.

Sara era una mujer muy hermosa. Estaba casada con Abraham, quien poseía muchas ovejas y ganado, burros y camellos. Tenían muchos siervos que trabajaban para ellos. Pero Abraham y Sara no tenían hijos.

Abraham y Sara vivían en una ciudad llamada Ur, en la tierra de Mesopotamia.

Un día Dios le habló a Abraham: "Vete de tu tierra y dirígete a la tierra que te mostraré."

Dios le prometió algo muy especial a Abraham: "Haré de ti una nación grande, y te bendeciré. Serán benditas en ti todas las familias de la tierra."

Sara y Abraham y otros miembros de la familia emprendieron el largo viaje.

Después de haber viajado hacia el norte por más de 800 kilómetros, decidieron detenerse por un tiempo en el pueblo de Harán.

Dios quería que continuaran, por lo tanto Abraham obedeció. Esto significaba que debían viajar más, esta vez hacia el sur, pasando por la tierra de Canaán.

Dios le habló otra vez a Abraham, el esposo de Sara. aham, el esposo de Sara.

"A tu descendencia daré esta tierra," dijo Dios. ¡Qué maravillosa promesa! Sara todavía no tenía hijos, y estaba envejeciendo.

Abraham edificó un altar y adoró al Señor Dios. Luego ellos continuaron su viaje hacia el desierto, acompañados por su sobrino Lot.

Abraham había llegado a ser aún más rico: era dueño de muchísimos animales, oro y plata. Lot, su sobrino, también poseía muchas ovejas, ganado, más tiendas y siervos.

La vida se tornó difícil para ellos. Abraham y Lot poseían tantos animales que no encontraban pasto suficiente para que todos se apacentaran. Pronto sus pastores comenzaron a discutir. Llegó a ser muy desagradable para todos.

Abraham decidió sabiamente resolver el problema. Le dijo a Lot: "Separémonos. Elige hacia qué lado quieres ir, y yo iré hacia el lado opuesto. Hay suficiente tierra para ambos."

Entonces Lot eligió las fértiles llanuras del Jordán al este, cerca de la malvada ciudad de Sodoma. Abraham y Sara fueron en dirección opuesta.

Dios le habló a Abraham: "Mira toda esta tierra a tu alrededor; pertenecerá a tu descendecia. Y haré que tu descendencia sea tan numerosa, que será tan difícil de contar como el polvo de la tierra."

Una vez más, Abraham adoró a Dios.

Sara y Abraham estaban envejeciendo, pero todavía no tenían hijos. Abraham aún creía en la promesa de Dios.

Sara se impacientó. Tenía setenta y cinco años de edad y Abraham tenía ochenta y cinco. Ella pensó en solucionar el problema a su modo. Ella no podía tener un hijo, pero quizás su sierva podría tener un hijo por ella.

Sara le dijo a Abraham que tomara por esposa a Agar, su sierva egipcia. Esto causó problemas en la familia. Sara estaba tan celosa de Agar, de modo que su sierva tenía que huir. Dios le habló a Agar en el desierto y le dijo que obedeciera a Sara. Regresó Agar, y pronto dio a luz un hijo, a quien llamaron Ismael.

Ismael no era el hijo que Dios le había prometido a Abraham. Dios habló de nuevo a Abraham, y le dijo claramente que Sara tendría un hijo. Abraham se rió, apenas podía creerlo.

Dios dijo: "Bendeciré a Ismael y también haré de él una gran nación. Pero tengo particular interés por el hijo de Sara."

Un día Abraham estaba sentado a la entrada de su tienda durante la hora más calurosa del día. Alzó los ojos y vio a tres hombres que estaban cerca.

Abraham se apresuró a su encuentro y los recibió en su tienda. Les dijo a los hombres: "Vengan y descansen. Permítanme que lave el polvo de sus pies y les traiga algo para comer."

No se trataba de una visita como cualquier otra. El Señor había venido con un mensaje.

Abraham fue de prisa a buscar a Sara dentro de la tienda, y le dijo: "Rápido, Sara, ve a buscar harina y prepara un poco de pan para nuestros visitantes."

También cocinaron carne, y pronto ofrecieron una deliciosa comida a los tres visitantes.

"¿Dónde está tu esposa Sara?" le preguntaron a Abraham.

"Allí, en la tienda," respondió Abraham.

"Para esta época el próximo año, Sara tendrá un hijo," fue el mensaje del Señor.

Sara estaba escuchando, sin ser vista. Al oír estas palabras, se rió para sus adentros.

¿Cómo sería posible, si ella y Abraham eran tan ancianos?

Dios preguntó a Abraham: "¿Por qué se rió Sara y dudó de mis palabras? ¿Hay para Dios alguna cosa difícil? Sara tendrá un hijo."

Sara se atemorizó y mintió: "No me reí." Pero no se puede engañar al Señor, quien respondío: "Sí, te has reído."

Se cumplió la promesa que Dios les había hecho a Sara y Abraham. Sara tuvo un pequeño hijo justo cuando el visitante especial dijo que sucedería.

Abraham llamó al niño "Isaac," que significa "el que ríe." Quizás Abraham recordó aquella vez en que se había reído de la promesa de Dios, y el momento en que Sara se rió de la noticia que les dio el Señor un año atrás.

Nada es demasiado difícil para Dios. El niño Isaac nació cuando su padre tenía 100 años de edad, y su madre Sara, 90. Abraham creyó en las promesas de Dios, y su fe fue recompensada.

Isaac creció sano y fuerte. Cuando era lo suficiente grande para alimentarse con comida y dejar el pecho de su madre, Abraham hizo un gran banquete para el.

Pero Sara no pudo disfrutar el banquete. Vio que Ismael, quien ya era adolescente, se burlaba de Isaac. Sara estaba celosa.

Sara le dijo a Abraham, "Echa a esta sierva y a su hijo. Ese muchacho nunca compartirá la herencia con Isaac."

Abraham se disgustó por el arrebato de Sara, pero Dios le dijo que hiciera lo que ella le pedía.

Temprano a la mañana siguiente, Abraham le dio un poco de comida y agua a Agar, y la envió junto con Ismael al polvoriento y árido desierto. Pronto se les acabó el agua. Agar e Ismael se desesperaban. ¿Moriría el niño en el desierto?

No. Dios oyó su llanto y tuvo piedad de ellos. Agar descubrió una fuente de agua no muy lejos de allí, y se salvaron sus vidas.

Dios estaba con Ismael mientras crecía. Sus descendientes se transformaron en una fuerte nación, como Dios lo había prometido.

Isaac era el único hijo de Abraham y Sara. Dios había prometido bendicir a su familia. Puso a prueba la fe de Abraham de una manera extraordinaria.

Un día Dios dijo a Abraham: "Toma a Isaac, a quien amas, y llévalo al monte Moriah. Ofrécelo allí en holocausto."

Abraham creía en Dios. Todo era posible para Él. Abraham fue fiel a Dios y Le obedeció.

Temprano a la mañana siguiente, Abraham ensilló el asno y cortó una buena cantidad de leña. Viajó hasta el monte Moriah con Isaac y dos siervos.

Mientras ascendían el monte juntos, Isaac estaba confundido.

″Tenemos el fuego y la leña,″ dijo, “pero ¿dónde conseguiremos el cordero para el holocausto?″

“Dios proveerá el cordero,″ respondió Abraham.

Entonces padre e hijo continuaron ascendiendo el monte. Al llegar al lugar indicado, Abraham edificó un altar y acomodó la leña. Ató a Isaac de pies y manos, y lo recostó sobre la leña.

Abraham creía que se encontraban en manos de Dios. Alzó el cuchillo, dispuesto a matar a Isaac. El ángel del Señor lo llamó, "Abraham, Abraham."

"Heme aquí," respondió Abraham.

"No hieras al muchacho," dijo el ángel. "Se que temes a Dios, porque estabas dispuesto a sacrificar a tu único hijo, Isaac."

Entonces Abraham alzó los ojos y vio un carnero trabado en un zarzal por sus cuernos. Realmente Dios había provisto un cordero para el sacrificio.

Un ángel le habló de nuevo a Abraham, y le dijo que Dios lo bendeciría a él y a su descendencia.

¡Qué felices debían de estar Abraham e Isaac al regresar junto a Sara! ¡Qué bienvenida debe de haberles dado!

Sara y Abraham tuvieron una vida muy plena y apasionante. Habían viajado cientos de kilómetros. A pesar de sus pecados y faltas, Dios los bendijo.

Dios es el mismo Dios hoy. Para Él todo es posible. Él continúa bendiciendo a Su pueblo a pesar de sus pecados y sus malas acciones. Su mayor bendición fue enviar a Su único Hijo, el Señor Jesucristo, como sacrificio por los pecados de Su pueblo.

"Dios muestra su amor para con nosotros, en que siendo aún pecadores, Cristo murió por nosotros."
Romanos 5:8